JN121472

✚ 正しく使うポイント

　必要な保護具が揃っていても、それらを正しく選定して正しく使わないと、保護具本来の機能が十分に発揮されず、かえって有害にもなりかねません。

　そこで、保護具を使用するときには、事前の安全衛生教育や使い方の訓練がとても重要なのです。

・取り扱う物質や作業にあった保護具を選ぶ。
・作業者の体にあった保護具を選ぶ。

　　作業者の顔の大きさ（呼吸用保護具、保護めがねなど）、手の大きさ（化学防護手袋など）、体の大きさ（化学防護服など）にあったものを選ぶ。

・正しく装着し、使用する。

✚ いろいろな種類の保護具

　保護具には、次のように、いろいろな種類のものがあります。

保護具の種類（例）

眼・顔　：保護めがね、遮光保護具、防災面
鼻・口：防じんマスク、防毒マスク、電動ファン付き呼吸用保護具、空気呼吸器など
　耳　：耳栓、イヤーマフ
　手　：化学防護手袋、防振手袋など
身　体：化学防護服、熱および火炎に対する防護服など
　足　：化学防護長靴など
その他：放射線防護用保護具など

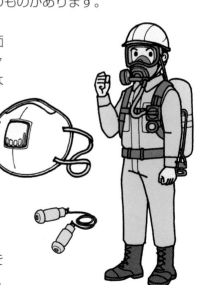

　作業の内容や取り扱う物質にあった保護具を使いましょう。さらに、用途が同じものでも、大きさや形の異なるものがあるので、自分の体にあうものを選んで使うことが大切です。

2

✚ 化学物質を取り扱う職場では

　化学物質の入った容器のラベルやＳＤＳ（安全データシート）には、化学物質の危険性や有害性などに関する事項が記載されています。これらの内容を見て、自分の作業内容や作業方法にどのような危険性や有害性があるかを確認しましょう。その上で、適切な保護具を正しく使用しましょう。

SDS とは……

中毒事故などを防ぐために、化学物質の譲渡などの際に交付する文書で、化学物質の名称、成分、危険有害性、応急措置、漏出時の対応、使用すべき保護具、取扱上の注意などが示されている。

1 化学物質取扱い作業で使用する保護具

呼吸用保護具：
　空気中の化学物質を吸入することによる健康障害の危険性がある作業に使用。
化学防護手袋、化学防護服：
　皮膚障害や皮膚から吸収されて中毒を起こす化学物質の取扱いに使用。
保護めがね：
　粉末や液体が飛散する作業、眼を刺激する気体が生じる化学物質の取扱いに使用。

2 呼吸用保護具の種類と特徴

呼吸用保護具の種類

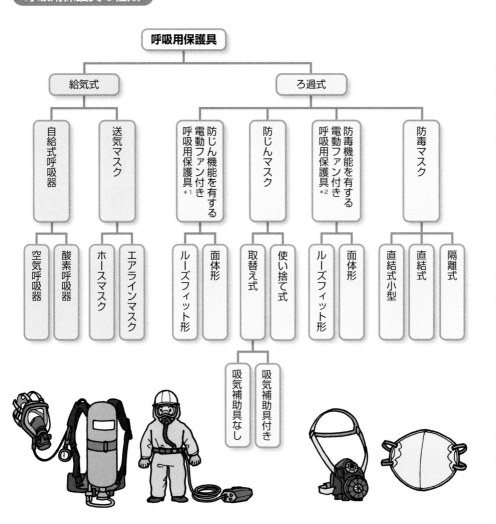

呼吸用保護具
- 給気式
  - 自給式呼吸器
    - 空気呼吸器
    - 酸素呼吸器
  - 送気マスク
    - ホースマスク
    - エアラインマスク
- ろ過式
  - 防じん機能を有する電動ファン付き呼吸用保護具 *1
    - ルーズフィット形
    - 面体形
  - 防じんマスク
    - 取替え式
      - 吸気補助具なし
      - 吸気補助具付き
    - 使い捨て式
  - 防毒機能を有する電動ファン付き呼吸用保護具 *2
    - ルーズフィット形
    - 面体形
  - 防毒マスク
    - 直結式小型
    - 直結式
    - 隔離式

*1 防じん機能を有する電動ファン付き呼吸用保護具
    P−PAPR（Powered Air Purifying Respirators for particulate matter）
*2 防毒機能を有する電動ファン付き呼吸用保護具
    G-PAPR（Powered Air Purifying Respirators for toxic gases）

◎酸素欠乏のおそれがある場所では、指定防護係数が1,000以上の全面形面体を有した有効なものを選択すること。

4

・**空気呼吸器**：1本のボンベの中の空気では10〜80分くらいの作業時間で交換する必要があるため、緊急用、避難用で使用されることが多い。重い。

空気呼吸器

・**送気マスク**：ホースを使用するため、行動範囲が限定される。

・**電動ファン付き呼吸用保護具**：マスク内が陽圧。バッテリーを用いているため、充電が必要。若干重い。

電動ファン付き
呼吸用保護具

· **防じんマスク、防毒マスク**：大気中の有害物質が粒子状の場合には防じんマスクを、ガスや蒸気の場合には防毒マスクを使用する。吸入時、マスク内が陰圧（マイナス圧）になるため、顔面と面体との接触面からの漏れが生じやすい。そのため、マスク面体と顔との間に隙間がなく、顔にあうものを選定する。

· 取り扱う化学物質の浮遊状態を確認して呼吸用保護具を選定する。（なるべく、先に記載したマスクを選定することが望ましい）

防毒マスク

粒子状物質（粉じんなど）：送気マスク、防じん機能を有する電動ファン付き呼吸用保護具、防じんマスク

気体状物質（有毒なガスや蒸気など）：送気マスク、防毒機能を有する電動ファン付き呼吸用保護具、防毒マスク

粒子状と気体状物質の共存：送気マスク、防じん機能付き防毒マスク、防毒機能を有する電動ファン付き呼吸用保護具

粒子状と気体状物質の共存する場合とは、
　・分子量が高く、通常は粒子状であるが、蒸気圧によって気体状が共存する
　　場合
　・塗装のように、粒子状の塗料と有機溶剤蒸気が共存する場合
等がある。

防じんマスク

防じんマスクには、使い捨て式と取替え式があります。各々の特徴を知って有効に使いましょう。

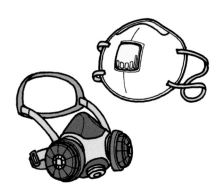

・使い捨て式

使用限度時間を確認して使う。使用限度時間以内でも、息苦しくなったり変形してきたら交換する。

・取替え式

面体とろ過材が分離していて、ろ過材を交換するもの。

◎有毒ガスの発生する職場、酸素濃度18%未満の環境では使用しない

◇選定のポイント

・国家検定合格品であること。

年
↓
国（○○）検
第○○○号 ←型式検定
○○○　○○○　合格番号
↑　　　↑
品名　種類

・密着性のよい、自分の顔にぴったりあうマスクを選ぶ（顔の形状は人によって違う。一つのマスクで全員にフィットするとは限らない）。

◇密着性の確認（シールチェック）

　装着者の顔と面体との間に隙間（漏れ）があると、吸ったときにマスク内が陰圧（マイナス圧）となり、隙間から環境に浮遊する有害物質がマスク内へ侵入し、マスクを装着していても有害物質をマスクの中に取り込んでしまうことになります。それを確認するために、マスク装着のたびに密着性の確認を行います。

息を吐き出した時、面体内からの漏れがないことを確認

・使い捨て式防じんマスク（陽圧法）

　両手でマスク全体を覆い、息を吐き出して面体内からの漏れがなく、面体が膨張することを確認する（右図参照）。

・取替え式防じんマスク（陰圧法）

　手、フィットチェッカー等でろ過材の吸気口を軽くふさいで吸った時、面体が吸いつく、あるいは息が苦しければ、隙間（漏れ）が少なく、良好である。苦しくなければ漏れがあるので、面体の位置やしめひもの強さを調整し直す。

・取替え式防じんマスク（陽圧法）

　手、フィットチェッカー等で、排気弁カバーをふさいで、息を吐き出して面体内からの漏れがなく、面体が膨張することを確認する。

◇次のようになったものはすぐに交換

・息苦しくなったもの（取替え式の場合はろ過材）。
・ろ過材が変形していたり、汚れが目立つもの。
・しめひもがゆるんでいたり、留め具が変形したもの。
・ゴム部がべたつくなど、吸・排気弁や面体、その他の部品に劣化があったり、キズや破損があるもの。

不具合品　新品

防毒マスク

　防毒マスクは、吸収缶内の吸収剤が有毒なガスや蒸気を吸着したり反応したりしてろ過します。面体の状態、吸収缶の種類や使用期限について確認しておきましょう。

半面形面体

全面形面体

◎酸素濃度18%未満の環境、有害物の種類や濃度が不明の時は使用しない

◇選定のポイント

　・国家検定合格品であること。

　・ガスの種類と濃度に適したものであること。

　※面体には半面形と全面形があり、眼に刺激のあるものを取り扱うときは全面形のタイプが適しています。

　・吸収缶は対象ガスに有効なものを使う。

◇密着性の確認（シールチェック）

　・防じんマスクと同様に、使用する前に必ず陰圧法（右図参照）または陽圧法でチェックします。

・手、フィットチェッカー等で吸気口を軽くふさいで空気の漏れがないかチェックする。

・隔離式の場合は、蛇管を曲げて空気をふさぎ、呼吸できなければ良好。

◇吸収缶を正しく使う

　吸収缶は時間がたつと使えなくなります。破過時間（吸収缶の除毒能力がなくなるまでの時間）は、ガスの種類、環境の温度や湿度によって異なります。

　・吸収缶に添付されている破過曲線図などを参考に、早めに交換する。

　・破損・変形・亀裂はないかを確認して使う。

　・使用直前まで開封しない。

直結式小型

直結式

隔離式

参考メモ

直結式小型吸収缶は吸収剤が少ないため、使い捨ての考えで使用したほうがよいでしょう。

・吸収缶はガスの種類ごとに適したものを選ぶ。

・使用時には予備の吸収缶を用意しておく。

※有機溶剤の職場で使用されている有機ガス用は、有機溶剤の種類によって破過時間が大きく異なります。

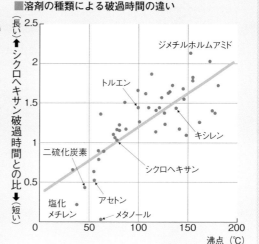

■溶剤の種類による破過時間の違い

（長い）↑シクロヘキサン破過時間との比↓（短い）

ジメチルホルムアミド
トルエン
キシレン
二硫化炭素
シクロヘキサン
塩化メチレン
アセトン
メタノール

沸点（℃）

（執筆者のデータより）

電動ファン付き呼吸用保護具

マスクに内蔵されている電動ファンにより、ろ過材や吸収缶で有害物を除去した空気を面体内に供給します。電動ファン付き呼吸用保護具は、非常に呼吸が楽にできることと、マスク面体などの内部が電動ファンの送風により陽圧（プラス圧）となるため、外部の有害物が入りにくく防護性能が高いという特徴があります。防じん機能を有するもの（P-PAPR）と防毒機能を有するもの（G-PAPR）があります。

◎酸素濃度18%未満の環境、有害物の種類や濃度が不明の時は使用しない

◇確認しよう

・破損、変形、亀裂はないか。

・十分に充電されたバッテリーを使用して、十分な風量が得られているか。作業を考慮して種類を選ぶ。

※装着して体を動かし、圧迫など作業に支障がないことを確認しましょう。

面体形
PAPR

ルーズフィット形
（フェイスシールド）
PAPR

ルーズフィット形
（フード）
PAPR

　有害環境から離れた場所の新鮮な空気をホースで作業者に送るタイプ。行動範囲は限られますが、長時間使用することができます。

◇確認しよう
　・呼吸に適した空気を取り入れているか。
　・行動範囲にあうホースの長さを確保しているか。

◎作業主任者による始業点検を行い、監視者を選任して作業者と空気源の間を監視させる。

空気呼吸器

　空気ボンベから空気を供給するため、使用できる時間は限られますが、ホースなどで行動範囲が制限されることがなく、酸欠の危険のある職場などで使われます。日頃から装着訓練を行いましょう。

◇確認しよう
　・顔に密着しているか。
　・連結管、吸気弁、排気弁、接続部に異常はないか。
　・圧力指示計、警報器などが正常に作動しているか。
　・空気の有効使用時間。

◎警報が鳴った場合に備えて、安全な場所への脱出経路を確認しておく

3 化学防護服、化学防護手袋、保護めがねなど

　化学物質などによる眼または皮膚への障害が、化学物質などによる職業性疾病全体の約半数を占めており、その件数は近年増加するとともに、皮膚から吸収されることなどにより重篤な障害となった事例も発生しています。これらの健康障害は、化学物質が飛散して労働者の身体に接触することなどにより発生しているのです。

　このような健康障害の発生を防止するためには、化学防護服、化学防護手袋、化学防護長靴、保護めがねなど適切な保護具の使用などを徹底することが重要です。

化学防護服

　有害性の高い物質、皮膚から吸収しやすい物質を扱う作業では化学防護服を使うことが必要です。
・化学物質の有害性と浮遊状態を考慮して、化学防護服を選ぶ。
・取り扱う物質が透過しにくい素材で、作業にあうものを選ぶ。

化学防護手袋

・化学防護手袋には素材がいろいろあり、さらに素材の厚さ、手袋の大きさ、腕まで防護するものなど、多種にわたっているので、作業にあったものを選ぶ。
・使用する化学物質が透過しにくい素材のものを選ぶ。

参考メモ

　「透過」とは、化学物質が分子レベルで素材の中を通過していくことを言います。保護具の素材が耐透過性のないものであったり、使用可能時間を超過して使い続けたりしていると、素材をすり抜けた化学物質を皮膚から吸収してしまうこと（経皮吸収）になります。化学物質と保護具の素材、作業の強度等を十分に考慮し、保護具を選び、使用しましょう。

◇保護めがねと矯正めがねの違い

　　保護めがねは作業現場で使用するため、物が飛んできてレンズが割れると大けがをする可能性があります。そのため、保護めがねには強度が必要です。矯正めがねは目的が違うため強度が弱いです。保護めがねは衝撃試験を行っている規格（JIS、海外規格等）に適合したものを選択してください。

◇保護めがねの形状

　　保護めがねの形状には、スペクタクル型、ゴグル型などがあります。
　　保護めがねは、作業内容や顔の大きさなどにあうものを選びます。

スペクタクル型保護めがねの特徴

・上部、サイド（サイドシールド）からの侵入を防止する。
・テンプル（つる）の長さを調整できるものがある。
・レンズとテンプルの角度を調整できるものがある。
・矯正めがねの上から使用できるものがある。

テンプル

サイドシールド

ゴグル型保護めがねの特徴

・ガス・蒸気状物質を取り扱う際に使用する。
・曇り止め機能が優れているものもある。
・クッション部分は清掃のしやすいエラストマー素材や軟質ビニール素材になっているものもある。

◇防災面

　　防災面は顔全体を覆うことができます。作業しやすいように、視野は広くなっています。

✚ 騒音を伴う作業では

　騒音から聴力障害を防ぐために耳栓などの聴覚保護具を使います。耳栓、イヤーマフのどちらを選ぶかは作業の種類などによりますが、強烈な騒音環境の場合、耳栓とイヤーマフを併用することも有効です。

◎音を遮ることで危険が生じる作業（車の運転など）や水中では、使用しない

耳栓

　材質、形状、大きさなどの異なるさまざまな種類のものがあるので、使う人の耳の穴にあう、遮音性の高いものを選びます。

・規格（JIS、海外規格等）に適合したものを使う。
・正しい方法で装着する。
　※耳の穴は曲がっているので、そのままでは正しく装着できません。まっすぐにして装着します。
　※つける側と反対の手を頭の後ろから回し、耳を後ろに引っ張ることで耳道がまっすぐになり、正しい位置に装着できます。

✚ 保管のポイント

・直射日光を避け、風通しのよい場所に保管する。
・汗の汚れなどをできるだけ落とし、形を整える。
・必ず定期点検をする。
・腐食性液体、有機溶剤、油類、酸類、火気放熱体のあるところには保管しない。

整理整頓

保護具保管庫

執筆協力 | 田中 茂（十文字学園女子大学名誉教授）
　　　　　 今川 輝男（中央労働災害防止協会近畿安全衛生サービスセンター）

すぐに実践シリーズ
正しく着用 労働衛生保護具の使い方

平成23年7月25日	第1版第1刷
令和5年8月30日	第2版第1刷
令和6年5月27日	第2刷発行

編　者　中央労働災害防止協会
発行者　平山 剛
発行所　中央労働災害防止協会
　　　　〒108-0014　東京都港区芝浦3-17-12 吾妻ビル9階
　　　　TEL〈販売〉03-3452-6401
　　　　　　〈編集〉03-3452-6209
　　　　ホームページ　https://www.jisha.or.jp/
印　刷　シンソー印刷㈱
イラスト・デザイン　㈱ジェイアイプラス
©JISHA 2023　24102-0202
定価：330円（本体300円＋税10%）
ISBN978-4-8059-2120-3 C3060　　¥300E

本書の内容は著作権法によって保護されています。
本書の全部または一部を複写（コピー）、複製、転載
すること（電子媒体への加工を含む）を禁じます。